5e Vente **VIGNÈRES** (N° 38)

ESTAMPES

ANCIENNES

CARICATURES

Costumes — Coiffures — Pièces historiques

ORNEMENTS

Des XVIIe et XVIIIe siècles

DESSINS

ANCIENS ET MODERNES

VENTE

HOTEL DROUOT — SALLE N° 4

Les Lundi 30 et Mardi 31 Mars 1885

A UNE HEURE ET DEMIE

Me Maurice DELESTRE
COMMISRE-PRISEUR
Rue Drouot, n° 27

M. DUPONT aîné
MARCHAND D'ESTAMPES
Rue de Seine, n° 21

PARIS — 1885

CATALOGUE (N° 38)

ESTAMPES

ANCIENNES

CARICATURES

Costumes — Coiffures — Pièces historiques

ORNEMENTS

Des XVIIe et XVIIIe siècles

DESSINS

ANCIENS ET MODERNES

5e VENTE

Par suite du Décès de M. VIGNÈRES

MARCHAND D'ESTAMPES

HOTEL DES COMMISSAIRES-PRISEURS

RUE DROUOT, 9, SALLE N° 4

Les Lundi 30 et Mardi 31 Mars 1885

A UNE HEURE ET DEMIE

Par le ministère de **Me MAURICE DELESTRE**, Commissaire-Priseur, rue Drouot, 27,

Assisté de **M. DUPONT aîné**, Marchand d'Estampes, rue de Seine, 21.

PARIS — 1885

CONDITIONS DE LA VENTE

Elle sera faite au comptant.

Les Acquéreurs paieront CINQ POUR CENT, en sus des enchères, applicables aux frais.

M. DUPONT, chargé de la vente, se réserve la faculté de réunir ou de diviser les lots.

Pour les Dessins, nous avons conservé les anciennes attributions.

ORDRE DES VACATIONS

PREMIÈRE VACATION — **Lundi 30 Mars.**

Estampes	Nos	1 à 171
Ornements		172 à 246

DEUXIÈME VACATION — **Mardi 31 Mars**

Ornements	Nos	247 à 282
Dessins		283 à 480

Mme VIGNÈRES continue de vendre les Portraits qui lui sont demandés.

S'ADRESSER RUE DE LA MONNAIE, 21, A L'ENTRESOL

Les Lundis, Mercredis et Vendredis, de 10 heures à 5 heures

DÉSIGNATION

ESTAMPES

1 **Adresses.** A la Gerbe d'Or. Lachambre, orfèvre, rue Saint-Antoine, in-4. Ép. toute marge.

2 — Adresse de Darbo. Aux trois singes. 2 p. différentes, in-8 et in-4.

3 — Adresse de Menière, marchand orfèvre, par A. Duval, 1778. Très belle ép.

4 — Porcher le jeune. Au Vase d'or, gravé par Mlle Taunay. Belle ép.

5 — Croisey, ingénieur-géographe. — Sornin, quai de la Mégisserie. — A l'Éléphant, rue de Berry. — Gagnebin, graveur. — Bailly, marchand bijoutier. — De La Ville, maître maçon, etc. 17 p.

6 — Adresse d'un négociant, avec attributs et une médaille en haut. Belle ép. avant toutes lettres.

7 — Carte avec les attributs de la Musique et de la Comédie. Belle ép. avant toutes lettres.

8 — Adresses anciennes. 4 p. avant toutes lettres.

9 — Cartes de visites anciennes. 15 p.

10 ***Adresses.*** Fleurons et Adresses. 29 p.

11 — Étiquettes de Roland, apothicaire, etc. 33 p. dont plusieurs imprimées sur la même feuille.

12 **Alix.** Costumes militaires. 6 p. en couleur. Rares.

13 **Alken** (S.). The Bachelor, d'après Wigstead. Très belle ép. coloriée.

14 **Blochom.** Les Mois. — Travaux des champs. — Chasse. 15 p., très belles ép.

15 **Bosio.** Le Lever et le Coucher des ouvrières en linge. 2 p., dont une coloriée.

16 **Bouchardon** (d'après). Armes de la Ville de Paris, par Soubeyran. 2 p. dont une avant toutes lettres.

17 ***Caricatures.*** Le Bon genre. 91 p. coloriées.

18 — Le Musée grotesque. 23 p. coloriées.

19 — Le Suprême bon ton. 12 p. coloriées.

20 — Le Goût du jour. 12 p. coloriées.

21 — Jeu de Société. — Garde à vous. 7 p. coloriées.

22 — Modes du jour. — Musée grotesque. — Le Bon genre, etc., 8 p. coloriées.

23 — Le Goût du jour. — Le Suprême bon ton. — Garde à vous. — Musée grotesque, etc. 23 p. en noir.

24 — Modes et Caricatures, an XI, in-8. 21 p. coloriées en 1 vol. cart.

25 — Allons à Bagatelle. — Les Apprêts pour Tivoli. — Le Bal de Vincennes. — Le Chanteur ambulant. 4 p. coloriées.

26 **Caricatures.** Les Patineurs du bon genre. — Rendez-vous de la Course au Bois de Boulogne. — Promenade aux boulevards Italiens. — Coblentz à Paris, etc. 6 p. coloriées.

27 — Les Goûts différents. — La Vénus antique à sa toilette. — Une paire de bas pour deux. — Les Suppléants. — Le Perruquier aux abois, etc. 12 p. coloriées.

28 — Le Bouquet de violettes. — La Famille française à Londres. — L'Étudiant en visites du jour de l'An. — M. Garrick. — Mlle Pélisse, etc. 14 p. coloriées.

29 — Les Décrotteurs artistes. — Café du Jardin de Tivoli. — Galerie du Palais-Royal. — Les Patineurs du canal de l'Ourcq. — Le Coup de vent, etc. 9 p. coloriées.

30 — Le Procureur de campagne. — Le Diable d'argent. — Les Arbres d'amour. — Le Juif-Errant, etc. 8 p. coloriées.

31 — Le Jeu du Trente et un. — La Tireuse de cartes. — Le Collin-Maillard. — Mlle des Fleurettes. — Les Agréments de l'été. — Le Mât de cocagne, etc. 13 p. coloriées.

32 — Les Chanteurs ambulants. — Le Lutrin de village. — Le vieil Amateur. — Le Maître d'armes. — Marchand d'habits. — Marchande de Lavande, etc. 16 p. coloriées.

33 — Le Cabinet littéraire en plein vent. — Les Perruquiers ambulants du marché des Innocents. — Gobe-Mouches de la Petite Provence. — Le Bain économique de la rue de la Tannerie. — Les Apprêts pour Tivoli. — Apparition de la fameuse Comète, vue du quai de la Vallée. — Les Étrangers au café Borel. — Les Habitués du Pont-Neuf, etc. 27 pièces coloriées.

34 ***Caricatures.*** Le Parvenu de la rue Vivienne. — Mme Casse-Croûte. — Le Bœuf à la mode. — Les Artistes du XVIIIe siècle. — La Commission des finances. — Jean qui rit. — Le grand Chiffonnier critique du Salon de 1806, etc. 30 p.

35 — Café Politique. — Œufs frais au Bois de Boulogne. — Le Jeu de la main chaude. — Jury musical du Grand Opéra. — Promenades aériennes au jardin Beaujon, etc. 11 pièces.

36 — La Balance politique. — La Constitution. — Diplôme de libéralisme. — Le Léopard apprivoisé. — Réception d'un Chevalier de l'Éteignoir, etc. 10 p. coloriées.

37 — Une Chambre divisée en trois parties. — Les Habits retournés. — Les Descentes de croix. — Passe-Temps national. — Conversation des Ultra sur le pont. — L'Homme aux six têtes, etc. 12 p. coloriées.

38 — Caricatures sur les Journaux et les Artistes. 24 p. coloriées.

39 — L'Auteur sifflé. — L'Auteur applaudi. — Le Négociant Rempailleur de chaises, etc. 9 p., la plupart en couleur.

40 — Le Comité de la vaccine. — Jeu de Société. — La Mauvaise aventure. — L'Incomparable Baba — Le grand Diable d'argent. — L'Assemblée de famille, etc. 16 p. coloriées.

41 — Caricatures et Pièces satyriques sur les Médecins. 34 p. en noir et coloriées.

42 — Caricatures sur les Artistes. 13 p. en noir et coloriées.

43 **Caricatures** sur les Calicots. 48 p. presque toutes coloriées ; avec le frontispice.

44 — Sujets grotesques. — Magasin de Visages. — Cris de Paris. 20 p. en noir et coloriées.

45 — *Révolution*. Caricatures sur Louis XVI et Marie-Antoinette. 6 p.

46 — Caricature sur Bailly. — Le Sans-Tort. — Aristocrate croyant à la Révolution. — Les Émigrants. — Digestion de la Constitution. — Adoration des Patriotes, etc. 10 p.

47 — L'Expirante Targinette. — Grand retour du ministre Linotte. — Pompe funèbre de très haut, très puissant et magnifique seigneur Clergé de France. — Mirabeau, chef d'une légion. — Écurie d'Orléans. — Le Mea culpa du pape. 12 p.

48 — L'Assemblée des Aristocrates. — Le Déménagement du clergé. — La Contre-Révolution. — Le Perruquier patriote. — Triomphe de Marat, etc. 28 p. coloriées.

49 — Le Jacobin royaliste. — Le Sans-Culotte. — Exercice des Droits de l'homme. — Arbre de prospérité agricole. — Assignats. — Magicienne consultée sur la Révolution de 1789. — Les Formes acerbes, etc. 34 p.

50 — Caricatures sur Napoléon Ier. 43 p. en noir et coloriées.

51 — Sur Cambacérès, Le Brun et autres. 24 p. presque toutes coloriées.

52 — Sur Louis XVIII et Charles X. 21 p.

53 — Sur Louis-Philippe et Napoléon III. 15 p.

54 **Caricatures** politiques et autres. 62 p. en noir et coloriées.

55 — Musée de la Caricature en France. 83 p. en noir et coloriées.

56 — Sujets divers, tirés du journal *la Caricature*, scènes de mœurs, voitures, etc. 54 p. en noir et coloriées.

57 — Caricatures par Boilly, Grandville, Isabey, Philippon, Traviès, etc. 25 p. coloriées.

58 — Par Bourdet, Cham, Plattier, Vernier, etc. 39 p. coloriées.

59 — Caricatures et Costumes, d'après Grandville. 119 p. coloriées.

60 — Par Vernier, Philippon, Carle Vernet, etc. 95 p. coloriées.

61 — Dantanorama; portraits-charges. 10 p.

62 — Portraits-charges publiés dans *le Charivari*. 20 p.

63 — Caricatures anciennes. 30 p.

64 — Caricatures diverses anciennes. 54 p. en noir et coloriées.

65 — Caricatures anciennes françaises et étrangères. 73 p.

66 — Caricatures anciennes et modernes. 79 p. coloriées.

67 — Caricatures et scènes diverses coloriées. 63 p.

68 — Scènes de mœurs et caricatures. Environ 150 p.

69 ***Caricatures*** et sujets divers. Environ 300 p. (3 lots).

70 ***Caricatures anglaises***. The Sunday Concert. — The Rival Beaux. — La Gazette de Londres. — The masculine Gender, etc. 9 p. coloriées et en noir.

71 — Female intrepidity. — Keen-ish sport in Cox's court. — The buck-basket — Admonition. — A' la mode, 1829. — La Cocotte anglaise, etc. 32 p. coloriées.

72 — Caricatures anglaises. 14 p. coloriées.

73 — Caricatures anciennes et modernes. 34 p.

74 — Caricatures sur les Anglais. 31 p. coloriées.

75 **Choffard**. Adresse. Cadre carré à coins saillants avec tablette blanche au milieu, avec deux guirlandes de fleurs attachées en haut par un ruban et se rejoignant en bas. Epreuve avant toute lettre. Rare.

76 — Adresse de Van-Neph, marchand-bonnetier, gravée par Fessard. Belle épreuve.

77 — Adresse d'un artiste. Cadre oblong en largeur. A gauche, trois amours dont l'un dessine ; à droite un buste de Minerve, le milieu est traversé par une guirlande de fleurs. Ep. à l'eau-forte pure, toute marge.

78 — Adresse. Cadre formé d'une guirlande de fleurs avec nœud de ruban à la partie supérieure. Ep. avant toutes lettres, avec toute sa marge.

79 — Carte d'une Société musicale, double médaille. Très belle épreuve avant toute lettre, avec toute sa marge.

80 **Choffard.** Frontispice du *Recueil d'Estampes gravées d'après les Tableaux de Mgr le duc de Choiseul*, in-4°. Eau-forte, pure, marge.

81 — Frontispice de la galerie du Palais-Royal, par Guttenberg. — Frontispice du nouveau Recueil des Troupes de la garde du Roi, gravé par Le Bas, d'après Eisen. 2 p.

82 **Choffard** et autres. — En têtes et fleurons, 7 p. hors texte.

83 **Cochin** (C.-N.) Armes du marquis de Marigny, pour l'*Architecture Française* de Blondel. gr. par Gallimard. Très belle ép. hors texte.

84 ***Coiffures.*** La duchesse des Plaisirs allant au Colysée. — Le Petit Maître partant pour la promenade. 2 p.

85 — La baronne du Bel-Air revenant du Palais-Royal. — Steel Button. — Coiffure à deux étages. 3 p. coloriées.

86 — L'Anglaise épouvantée. — Ridiculous taste. — Le Garçon-marchand en promenade, etc. 5 p.

87 — Manière de poser les boucles d'oreilles. — Les funestes effets de la coquetterie. — Accident imprévu de la coiffure. — Etrange malheur arrivé à la princesse des Plumes, etc. 6 p.

88 — Coiffure à l'Espoir. — Coiffure aux charmes de la Liberté. — Coiffure à la Raucourt. — Chapeau au Traîneau, etc. 10 p. dont 3 coloriées.

89 — Coiffures et Costumes de femmes, par Desrais et autres. 22 feuilles coloriées.

90 — Caricatures sur les hautes coiffures. 21 p.

91 **Costumes**. Les Merveilleuses. — Les Incroyables. La Folie du Jour. — La Réponse incroyable, etc. 10 p., médaillons pour tabatières.

92 — L'Incroyable à cheval. — Incroyables et Merveilleuses. 13 p.

93 — Costumes français, publié chez Chéreau. 50 p. coloriées.

94 — Costume parisien. — Costumes français. — Cris de Paris. 46 p. la plupart coloriées.

95 — Vignettes par Retif de la Bretonne. — Intérieur d'un café. 10 p.

96 — Costumes des Membres du Directoire, du Conseil des Cinq-Cents, etc., gravés par Alix, Chataignier et autres. 21 p. en couleur.

97 — Costumes en pied, coloriés. 10 p.

98 — Petits Costumes et Coiffures des 17e et 18e siècles. 56 p.

99 — Costumes et Coiffures de 1714, 1726, de l'époque Louis XVI et de la Restauration. 57 p. en noir et coloriées.

100 — Costumes anciens, en pied, 29 p. coloriées.

101 — Costumes étrangers anciens, 64 p.

102 — Costumes du Moyen-âge et de l'époque Louis XIV, 45 p. en noir et coloriés.

103 — Costumes et Coiffures, par Bourdet, Gérard-Fontallard, Grandville, Philippon, etc., 24 p. coloriées.

104 — Costumes et travestissements ; 22 p. coloriées et en noir.

105 ***Costumes*** français modernes. 51 p.

106 — Costumes divers et travestissements. Environ 100 p.

107 ***Costumes militaires*** publiés chez Martinet et chez Jean. 31 p. coloriées.

108 — Costumes et sujets militaires. 13 p. en noir et coloriées.

109 — Costumes militaires anciens, gravés et lithographiés. 41 p.

110 — Costumes français anciens. — Exercices militaires. 25 p.

111 **Delvaux**. Frontispices d'après Bornet, in-8°. 2 p. différentes avant la lettre, dont une à l'eau-forte pure.

112 **Denon**. Costumes de représentants du peuple, d'après David. 10 p. avant et avec la lettre.

113 **Desrais**. Suites des coiffures à la mode en 1783, 1785 et 1786. 6 feuilles.

114 **Desrais**, **Le Clerc**, etc. Grands costumes en pied. 9 p. en noir et coloriées.

115 **Duplessis-Bertaux**. Billet de bal. Très belle épreuve avant toutes lettres, marge.

116 ***Ex libris*** de Van Hulthem, gravé par De Ghendt. 2 p. dont une à l'eau-forte pure.

117 — Ex libris, attribué à Eisen. Belle épreuve avant toutes lettres.

118 — Ex libris anciens. 49 p.

119 **Gatine**. Costumes en pied d'après Horace Vernet. 27 p. coloriées.

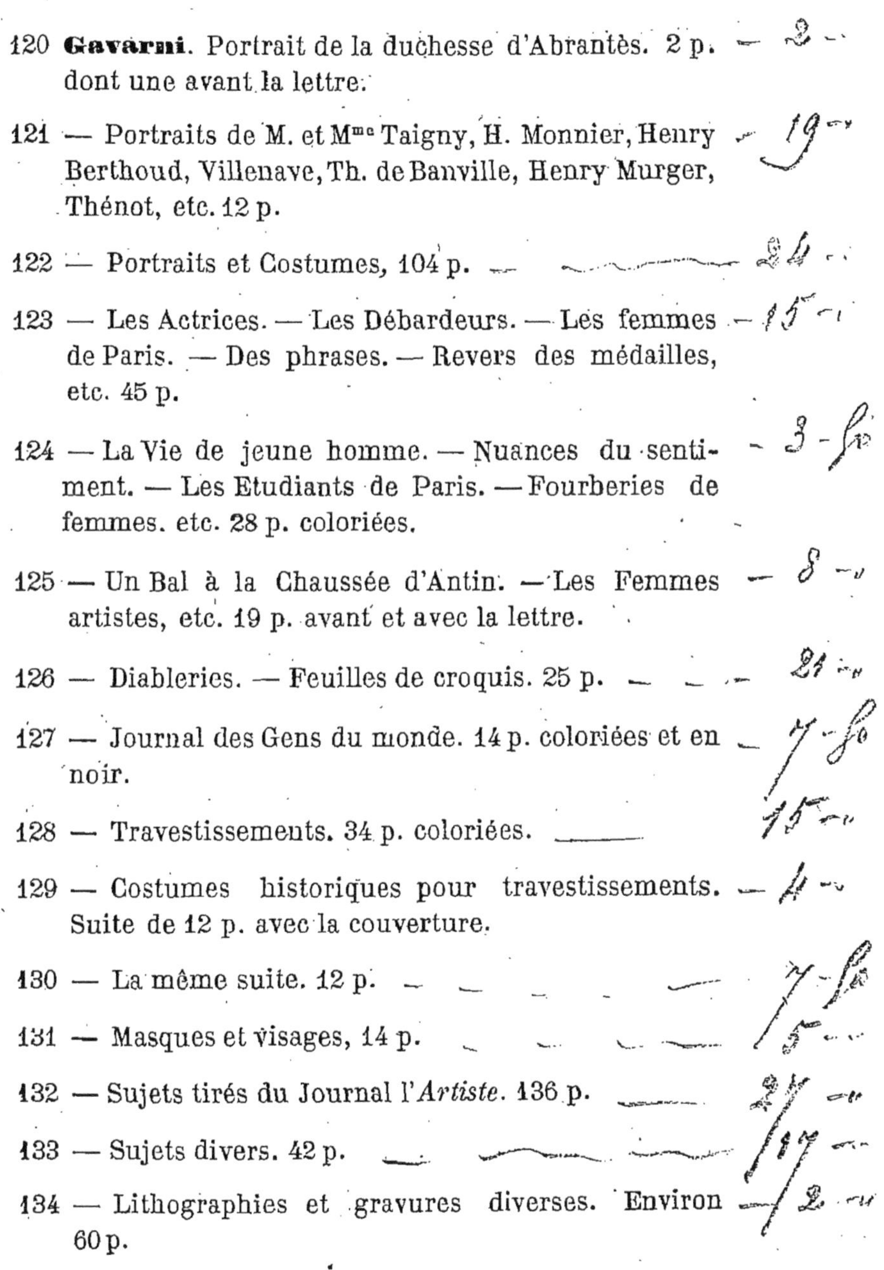

120 **Gavarni**. Portrait de la duchesse d'Abrantès. 2 p. dont une avant la lettre.

121 — Portraits de M. et Mme Taigny, H. Monnier, Henry Berthoud, Villenave, Th. de Banville, Henry Murger, Thénot, etc. 12 p.

122 — Portraits et Costumes, 104 p.

123 — Les Actrices. — Les Débardeurs. — Les femmes de Paris. — Des phrases. — Revers des médailles, etc. 45 p.

124 — La Vie de jeune homme. — Nuances du sentiment. — Les Etudiants de Paris. — Fourberies de femmes. etc. 28 p. coloriées.

125 — Un Bal à la Chaussée d'Antin. — Les Femmes artistes, etc. 19 p. avant et avec la lettre.

126 — Diableries. — Feuilles de croquis. 25 p.

127 — Journal des Gens du monde. 14 p. coloriées et en noir.

128 — Travestissements. 34 p. coloriées.

129 — Costumes historiques pour travestissements. Suite de 12 p. avec la couverture.

130 — La même suite. 12 p.

131 — Masques et visages, 14 p.

132 — Sujets tirés du Journal l'*Artiste*. 136 p.

133 — Sujets divers. 42 p.

134 — Lithographies et gravures diverses. Environ 60 p.

135 **Guélard** (J.). Singeries ou différentes actions de la vie humaine, d'après Huet. Suite de 12 p.

136 — Singeries. Suite de 12 p. et copies. Ensemble 22 p.

137 **Heath** (W.). The Back Way. — Pleasant Itimation. — The Deepôt. — Hat Boxes. — The Lord of Misrule. The Siamese Youths. — Opéra reminiscences. 7 p. coloriées.

138 **Huet** (d'ap.). Portraits de femmes. 5 p. en couleur, avant toutes lettres, sur la même feuille.

139 **Isabey** (J.). Caricatures 1818. Suite de 12 p., très belles épreuves coloriées, avec la couverture. Rare.

140 **Le Clerc**. Costumes gravés, par Dupin et Patas. 4 p.

141 — Coiffures, gravées par Dupin et Lebeau. 3 p.

142 **Le Clerc** et **Watteau** fils. Costumes gravés par Dupin, Lebeau, Pélicier, etc. 13 p. coloriées.

143 **Le Roy**. Frontispice pour la *Galerie des costumes français*, d'après Leclerc, in-4°. Très belle ép. avant la lettre.

144 **Madou**. Rébus. 13 p. coloriées.

145 **Marillier**. Deux frontispices, in-8, avant toutes lettres, toute marge.

146 — Frontispices in-8°. 7 p., dont une avant la lettre.

147 **Martinet**. Berceau des Beaux-Arts. Très belle ép.

148 **Masquelier**. Frontispice des *Voyages de Gulliver*, d'après Lefèvre, in-12. 2 p. avant la lettre, dont une à l'eau-forte pure.

149 **Monnier**. Brevet de l'Académie des Sciences, Arts et Belles-Lettres de Dijon, en blanc. Très belle ép.

150 **Monnier** (Henry). Galerie contemporaine. — Grisettes. — Récréations, etc. 22 p. coloriées.

151 — Jadis et Aujourd'hui. — Les Petites Félicités et les Petites Misères humaines. 20 p.

152 — Les Grisettes. — Esquisses parisiennes, etc. 15 p.

153 — Les Péchés capitaux. — Le Passe-Temps, etc. 19 p.

154 **Poisson** (d'après). Cris de Paris, 1er, 2e et 3e cahiers. 18 p. et le frontispice.

155 — Cris de Paris, 11e et 12e cahiers. 12 p.

156 **Rowlandson.** Four o'clock in town. — Four o'clock in the country. 2 p. à la manière du lavis.

157 — Englishmen in november. — Frenchmen in november. 2 p. coloriées, sur la même feuille.

158 **Divers**. Café des Aveugles. — Une Matinée au Luxembourg. — Les Musards de la rue du Coq. — Les Bossus mélomanes. 4 p.

159 — Les Délices du Marais. — La place du Carrousel. — Théâtres du Boulevart. 3 p.

160 — L'Entrée des alliés à Paris. — Le Café politique. 2 p.

161 — Les Musards de la rue du Coq. Ep. coloriée.

162 — Répertoire des spectacles de la cour, en haut la tête d'Apollon et la devise : *Aspicit et Fulgent.* Belle ép., marge.

163 — La même estampe. Belle ép.

164 ***Divers.*** Jeu de cartes, historié. 39 p.

165 — Frontispices anciens, grand format. 30 p.

166 — Titres de Livres, frontispices. 54 p.

167 — Cartouches et frontispices du 18ᵉ siècle. 16 p. avant la lettre.

168 — Fleurons, frontispices et cadres en blanc. 30 p.

169 — Fleurons et devises. 33 p.

170 — Alphabets et lettres ornées. 91 p.

171 — Lithographies et gravures diverses. 62 p.

ORNEMENTS

172 **Babel.** Nouveaux Livres de projets d'autels et baldaquins, par Neufforge. Cahier de 7 p.

173 **Bellay**. Différentes pensées d'ornements et d'arabesques à divers usages. Cahier de 7 p.

174 **Bérain**. Lambris et plafonds. 20 p.

175 **Bertrand**. Divers trophées pour les bijoutiers et graveurs en métaux. Cahier de 8 p.

176 **Blondél**. Trophées, d'après Dumont le Romain. 6 p.

177 **Borch** (d'ap.). Nouveau livre de Cartouches. Cahier de 6 p.

178 **Boucher** (d'ap.). Fontaines. — Camées, par Villemin. 11 p.

179 **Bouzonnet** et **Minck**. Rosaces et Feuillages. 19 p.

180 **Cauvet**. Frises et arabesques. 12 p.

181 **Charmeton** (G.). Arabesques. 4 p.

182 **Chédel**. Fantaisies nouvelles. Suite de 6 p.

183 **Cornille** (F.) Alcôves. Cahier de 4 pièces.

184 **Cuvilliès** (F. de). Morceaux de caprices à divers usages. — Cartouches, style rocaille. — Fontaines, etc. 26 p.

185 **Delafosse** (Ch.). Médaillons ovales. 5 p.

186 — Attributs de musique. — Attributs pastorals. 12 p.

187 **De la Guèpière**. Arc de Triomphe, Coupoles. 3 p.

188 **Della-Bella**. Nouvelles inventions de cartouches. Cahier de 12 p.

189 — Cartouches, Frontispices, Ecrans. 26 p.

190 **Ducerceau**. Monuments vus en perspective. 19 p.

191 **Du Vivier** (J.). Cartouches, par Poilly. 13 p,

192 **Eisen**. Cartouches et frontons. 12 p.

193 **Haberman**. Cartouches et ornements rocaille. 22 p.

194. **Heince**. Sujets mythologiques en forme de frise. 6. p.

195 **Hertel** et **Preisler**. Sujets d'enfants pour frontons: — Petits sujets rocaille. 10 p.

196 **Klauber** (Cath.). Les quatre Éléments. — Les points cardinaux. 8 p.

197 **Kollman** (chez). Dessins de fleurs, platitudes et guirlandes pour le tambour et pour la broderie. Cahier de 4 p.

198 **La Londe**. Troisième cahier d'ameublements, dessinés par La Londe. 6 p.

199 — Cinquième cahier d'ameublements. 6 p.

200 — Sixième cahier d'ameublements. 6 p.

201 — Huitième cahier d'ameublements. 6 p.

202 — Cadres ornementés, in-8°. 4 p.

203 **Le Febvre** (Fr.). Livre de fleurs et feuilles pour servir à l'art d'orfèvrerie. 6 p.

204 **L'Égaré** (Gédéon). Livre de feuilles d'orfèvrerie. 7 p.

205 **L'Égaré** (Gilles). Médaillons, boîtes de montres, cachets, agrafes. 5 p.

206 **Le Pautre**. Nouveaux dessins pour orner et embellir les carrosses et chaires roulantes. Cahier de 6 p.

207 — Alcoves à l'Italienne. — Alcoves à la Romaine. 12 p.

208 — Lambris à la Française. Suite de 6 p.

209 — Plafonds et corniches. 18 p.

210 — Frises et feuillages. 12 p.

211 — Burettes. — Autels à la Romaine. 12 p.

212 — Rétables d'autel. 12 p.

213 **Le Pautre.** Bancs d'œuvre. — Chaires de prédicateurs. 12 p.

214 — Lambris. — Vases. — Cheminées. 25 p.

215 — Montants d'ornement. — Trophées, etc. 19 p.

216 — Frises. — Feuillages. 60 p.

217 — Sujets en forme de frises et pièces diverses. 40 p.

218 — Panneaux et montants d'ornement. 50 p.

219 — Vases et entourages. 22 p.

220 — Portes et intérieurs de palais. 38 p.

221 — Autels. — Chaires. — Intérieurs d'église. 30 p.

222 — Portails d'églises. — Autels. — Tabernacles. 21 p.

223 — Fontaines. — Trophées d'armes. — Arcs de Triomphe. 38 p.

224 — Décorations de théâtres. — Sujets de l'histoire romaine, etc. 36 p.

225 — Décorations de jardins. 23 p.

226 **Lutma** (Jacq.). Cartouches. Cahier de 12 p. Rares.

227 **Meissonnier** (J.-O.). Livre d'ornements. Cahier de 7 p.

228 — Cinquième livre d'ornements. Cahier de 7 p.

229 — Le même livre. Cahier de 7 p.

230 — Sixième livre. Partie des ornées de la carte chronologique du Roi, faite en 1733. Cahier de 7 p.

231 — Huitième livre. Tabatières, Boîtes de montre, Pommes de canne. Cahier de 6 p.

232 **Meissonnier.** Neuvième livre. Services de table. Cahier de 6 p.

233 — Dixième livre. Services de table. Cahier de 6 p.

234 — Douzième livre. Chandeliers. Cahier de 5 p.

235 — Chandeliers de sculpture en argent. Cahier de 3 p.

236 — Ornements de style rocaille. 6 p.

237 — Livre de légumes inventés et dessinés par J. Meissonnier. Cahier de 7 p.

238 — Grand Frontispice par Aveline. — Cadran à vent de M. le duc de Mortemart. — Epitaphe de M. le baron de Bézenval. 3 p.

239 — Elévation du projet de la chapelle Saint-Sulpice de Paris. — Autel de l'église Saint-Aignan, d'Orléans. — Saint-Leu, de Paris. 7 p.

240 **Mignot** (David). Ornements pour l'orfévrerie. 2 p.

241 **Mollet** (Jacq.). Dessins de parterres. 10 p.

242 **Morison.** Guirlandes et feuillages d'orfévrerie. 3 p.

243 **Oppenort.** Sixième livre contenant des feux ou grilles d'âtres de cheminées. Cahier de 6 p.

244 — Huitième livre contenant des cartouches. Cahier de 12 p.

245 — Neuvième livre contenant des cartouches. Cahier de 12 p.

246 — Dixième livre contenant des gaines. Cahier de 6 p.

247 **Pillement** (J.). Recueil des trophées chinois. Cahier de 6 p.

248 — Treizième livre de fleurs, de guirlandes et d'oiseaux. 4 p.

249 **Pillement** et **Huquier**. Chinoiseries. 21 p.

250 **Puchner** (J.). Grand candélabre en cristal exécuté en Italie. Très belle épr.

251 **Ranson**. Troisième cahier de groupes de fleurs, gravés par Berthaut. 6 p.

252 **Riester** (M.). Ornements pour l'orfévrerie, d'après Janssens, D. Mignot, Virgile Solis et autres. 32 p.

253 **Vico** (Enée). Vases d'après Polydore de Caravage. 11 p.

254 **Wachsmuth**. Pastorales avec ornements rocaille. Cahier de 4 p.

255 **Watteau**. Trophées, gravés par Huquier. 11 p.

256 **Weigels** exc. Arabesques. Cahier de 12 p.

257 **Westerhout** (Van). Chars et carrosses. 13 p.

258 **Divers**. Ornements par René Boyvin, Marc Géraerd, Daniel Hopfer, etc. 19 p.

259 — Ornements par Daudet, G. Stéphani, Jamnitzer, Toro, etc. 13 p.

260 — Cartouches, Trophées, Fontaines, etc., par Babel Cauvet, Delafosse, Lajoue, Lalonde et Meissonnier. 23 p.

261 — Arabesques, Plafonds et Montants d'ornement, par Bérain, Dugoure, N. Guérard, Marot, Decker, etc. 49 p.

262 **Divers**. Palais, Fontaines, Mausolées, par Boucher, Kleiner, Mondon, Nilson, Waschmuth, etc. 30 p.

263 — Ornements divers, par Decker, Haberman, Riedel, Wachsmuth, etc. 57 p.

264 — Grands Frontispices, Plafonds, Eventails, par B. Picart, Aveline, Eisen, Greg. Huret, Le Bas, P. Mignard, etc. 16 p.

265 — Arcs de voûtes, Cariatides, Statues, Arcs de Triomphe, d'après Michel-Ange, le Bolonois, etc. 20 p.

266 — Ornements, par Le Bernin, Fay, Le Canu, A. Loire, Oppenort, Poggi, etc. 17 p.

267 — Intérieurs d'appartement et Architecture, par Blondel, Boucher, Lepautre, Marot, Prieur, etc. 41 p.

268 — Fleurs, par Baptiste, Demarteau, Pillement, Roubillac, Tessier. 30 p.

269 — Pendule, Pilastres, Vases. 7 p.

270 — Frises, Consoles et Trophées avec sujets mythologiques, in-folio. 23 p.

271 — Mascarons, Clefs, Dessus de boîtes et motifs pour l'orfévrerie. 22 p.

272 — Arabesques. 15 p.

273 — Arabesques, Frises, Trophées. 94 p.

274 — Frises. Arabesques, etc. 23 p.

275 — Lambris et panneaux des 17e et 18e siècles. 29 p.

276 — Vases, Fontaines, Cartouches, Lampes antiques, Statues, etc. 86 p.

277 **Divers**, Cadres et Arabesques. 30 p.

278 — Grands cadres et Cartouche en blanc. 37 p.

279 — Frontispice avec cartouche en blanc. Environ 60 p. en nombre.

280 — Cartouches et Frontispices anciens et modernes. 27 p.

281 — Les Arts au moyen âge, Casques, Armures, Peintures de Pompéi, Architecture, etc. Environ 50 p.

282 — Ornements et Gravures diverses. Environ 100 p.

DESSINS

283 **ALÈS**. Marines ; clair de lune. 2 jolis dessins à la pierre noire rehaussés de blanc.

284 **AMMAN** (Josse). Portrait de Jean de la Valette, Grand-maître de Malte. Très beau dessin à la plume.

285 **ANSELIN**. Portrait d'homme, de profil. Beau dessin aux trois crayons. Signé.

286 **BAUDET-BAUDERVAL**. Portrait de Mme d'Epinay. Dessin à l'encre de chine. Signé.

287 — Louise de Prie, maréchale de la Motte Houdancourt. Joli dessin à l'aquarelle.

288 **BAUDET**. Portrait de Van Huysum. — Mme de Villedieu, poète. 2 dessins à l'aquarelle.

289 **BENOIST** (fme). Portrait de Necker. Dessin à la pierre noire rehaussé de blanc. Signé. — On y a joint la gravure.

290 **BÉRAUD** (A.). Costumes d'acteurs et d'actrices, en pied. 40 dessins à l'aquarelle. Signés.

291 **BERTONNIER**. Environ 300 portraits de littérateurs et de personnages célèbres; très finement dessinés à la mine de plomb.

292 **BOILLY** (L.), Jeune Fille assise, tenant un éventail. Beau dessin à la pierre noire, lavé d'encre et rehaussé de blanc.

293 **BOILLY** (Attribué à). Portraits de jeunes garçons. Trois dessins à la pierre noire rehaussés de blanc, grand in-fol.

294 **BOIZOT**. Portrait d'homme de profil, dans un cadre, avec ruban. Très joli dessin à la mine de plomb. Signé.

295 **BONNEVILLE**. F. Mallarmé, député de la Meurthe en 1793. Beau dessin à la mine de plomb sur parchemin. On y a joint la gravure.

296 **BONSFIELD**. Grotesques pour l'ornement. 8 beaux dessins à la plume, lavés d'indigo et de sépia.

297 **BORDES** (J.). Portrait de femme, de profil. Joli dessin à la pierre noire. Signé.

298 **BOUCHARDON**. Amours portant les armes d'Hercule. Beau dessin à la sanguine.

299 **BOUCHER** (Fr.). Têtes de jeunes filles. 2 dessins aux trois crayons.

300 — Cartouche entouré d'amours et de lions couchés. Joli dessin aux crayons noir et blanc.

301 — Femme couchée, vue de dos. Beau dessin à la sanguine.

302 **CAPET** (Mlle). Jean-Baptiste Baignères, docteur régent de la Faculté de médecine de Paris et de Montpelier. Beau dessin à la pierre noire. Signé.

303 **CARMONTELLE**. Portrait de M. le duc de Coigny, maître de camp général des dragons, à mi-corps. Très beau dessin à la pierre noire et à la sanguine.

304 — Portrait de M. le chevalier de Lezay, officier au régiment de dragons de Bauffremont, à mi-corps. Très beau dessin à la pierre noire et à la sanguine.

305 — Portrait de M. le chevalier de Pimodan, à mi-corps. Très beau dessin à la pierre noire et à la sanguine.

306 **CHARDIN**. Plumeau et brosses posés sur une table. Dessin à la sanguine.

307 **CHARLET**. Études et croquis pour le portrait de Napoléon Ier. — Sujets de batailles. — Cérémonies. — Généraux, etc. 57 pièces à la pierre noire et à l'encre de chine.

308 **CHARON** (T.). Grand frontispice et sujets religieux. 12 dessins à la sépia et à l'encre de chine. Signés.

309 **CHATELAIN**, Vue du port de Palerme. Très beau dessin à la plume lavé de sépia.

310 **CHATELET.** Marine. — Temple antique. 2 jolis dessins à l'aquarelle.

311 **CHOFFARD** (P.-P.). Six fleurons pour cartes ou adresses dessinés sur la même feuille. Charmant dessin à la plume lavé de sépia.

312 **CLÉRISSEAU.** Personnages assis sur des ruines. Joli dessin à l'aquarelle.

313 — Vues des environs de Rome. 2 très beaux dessins à la pierre noire, lavés d'aquarelle.

314 **CONQUY** et autres. Portraits tirés de la collection des *Hommes utiles*. 9 très jolis dessins à la mine de plomb et à la pierre noire.

315 — Portrait de Duchesne aîné. Beau dessin à l'encre de chine.

316 **DAVID** (L.). Buste de Volney.— Portrait d'homme. 2 beaux dessins à la pierre noire. Signés.

317 **DAVID** (Alph.). Frontispice d'albums. 11 dessins à l'aquarelle et à la sépia.

318 — Sujets de genre. 9 dessins à l'aquarelle et à la sépia.

319 — Sujets gracieux. 15 dessins à l'aquarelle et aux trois crayons.

320 — Académies de Femmes. 10 dessins à la sépia.

321 — Études et Académie de Femmes. 21 dessins à la pierre noire et à la sépia.

322 — Sujets gracieux et académies. 39 dessins à la pierre noire et à la sanguine.

323 **DAVID** d'Angers. Portraits de députés de 1832, de profil. 27 dessins à la plume et à la mine de plomb.

324 — Portraits de Rembrandt, Fouquet, etc. 4 dessins à la pierre noire et à la sépia.

325 **DE BRET.** Portraits du prince royal Don Pédro et de la princesse sa femme. 3 beaux dessins à l'aquarelle. Signés.

326 **DE JONQUIÈRES** (V.). La Déclaration. Très joli dessin à l'aquarelle. Signé.

327 **DELACROIX** (Eug.). Arabes assis. Dessin à la plume.

328 **DENON**. Portrait de femme. Très joli dessin aux trois crayons.

329 **DE SAINT-JEAN.** La Visite du médecin. Très beau dessin à la plume.

330 **DESCAMPS** (G.). Femmes vues de dos. 2 très jolis dessins à la pierre noire rehaussés de pastel.

331 — Études académiques. 11 dessins aux crayons de couleur.

332 **DESRAIS.** Arrestation de Charlotte Corday. Très joli dessin à la mine de plomb.

333 — L'Amour sur un char fustigeant des Nymphes, — L'Amour caressant une Nymphe devant un Satyre enchaîné. 2 jolis dessins à la plume lavés de sépia. Signés : *D.* 1777.

334 **DEVÉRIA** (Ach.). Alexis Piron. Très beau dessin à la sépia. Signé.

335 **DEVÉRIA**. Le duc de Richelieu. — Sébastiani. 2 très jolis dessins à la sépia rehaussés de blanc. Signés.

336 — Mlle Gaussin, actrice. — Mlle Duménil. 2 jolis dessins à la sépia.

337 — Vénus et l'Amour. — Vénus aborde en Chypre. 2 jolis dessins à la pierre noire et à la plume.

338 **DEVÉRIA** (Attribué à). N. Ponce, graveur. — Laya, l'ami des Lois. — Dupont de Nemours. — Jeanne d'Arc. 4 dessins à la sépia.

339 **DROUAIS**. Portrait de femme, de profil. Très beau dessin à la sanguine. Signé.

340 **FARCY** (A.). Députés de 1848 : Casse, Ariège. — Tranchard, Ardennes. — Desormes, Oise. — Marion, Isère. — Duplan, Cher. — Huot, Vosges. — Girard, Seine-Inférieure. — Legorrec, Côtes-du-Nord. 8 jolis dessins à la pierre noire rehaussés de blanc et de sanguine.

341 **FLEURY** et **GRÉVEDON**. Études de figures. — Portraits de Mme de Lavallière, Diane de Poitiers, etc. 5 dessins.

342 **FRAGONARD** fils. Portrait de Bonaparte, premier consul. Joli dessin à la pierre noire rehaussé de blanc.

343 **FRILLEY**. Portrait de Mathieu de Montreuil, poète français, in-4. Beau dessin à la sépia.

344 **GABRIEL**. Théroigne de Méricourt, dessinée à la Salpêtrière. Dessin à la pierre noire. Signé.

345 **GAUCHER** (C.-S.). Portraits de Beaumarchais, Cailhava, Dussault, Gravelot, Le Prince, Henri de Prusse, Pascal, Saint-Marc, Soret, le comte de Vergennes, etc. 14 dessins à la mine de plomb. Ont été gravés.

346 **GEOFFROY** (Ch.). Portrait de Mlle Georges, actrice. Beau dessin à la pierre noire. Signé.

347 **GÉRARD** (Attribué). Portrait de Mlle Mars, grandeur demi-nature. Beau dessin à l'encre de chine rehaussé de blanc.

348 **GÉRARD-FONTALLARD.** Travestissements. 7 dessins à la mine de plomb. Ont été gravés.

349 **GRANDVILLE** (J.-J.). Envahissement d'un théâtre. (*Petites misères de la vie humaine*). Beau dessin à la plume.

350 — Personnage romantique. Beau dessin à la plume.

351 — Moine assis. Beau dessin à la mine de plomb.

352 — Indien assis, tenant une pipe. Beau dessin à la mine de plomb.

353 **GRANET**. Intérieurs de cloîtres. 2 dessins à la sépia.

354 **GRENIER** (F.). Voyage à Londres, 1829. Dessin à l'aquarelle. Signé.

355 **HEGER** (Henri). Le prince et la princesse de Holstein-Oldenbourg. 2 beaux dessins à la mine de plomb. Signés.

356 **ISABEY** (Attribué à). Le maréchal Masséna. — Le maréchal Moreau. — Le maréchal Suchet. — Le prince de Bénévent. — Le baron Martin de Gray, député. 5 beaux dessins à la sépia et à l'aquarelle. Ont été gravés.

357 **JOHANNOT** (Alf.). Sujets historiques. 5 dessins à l'aquarelle.

358 **JOLY** et autres. Cris de Paris. 7 dessins à l'aquarelle. Ont été gravés.

359 — Chasseurs. 5 dessins à l'aquarelle. Ont été gravés.

360 — Costumes français en pied. 23 dessins à l'aquarelle. Ont été gravés.

361 — Costumes suisses. 24 dessins à l'aquarelle. Ont été gravés.

362 — Portraits de seigneurs et de dames du moyen âge et de la Renaissance. 37 dessins à l'aquarelle.

363 — Costumes d'acteurs et d'actrices, en pied, 50 dessins, presque tous à l'aquarelle.

364 **LAFITTE.** Portrait de Masséna. Beau dessin à la sépia sur parchemin. Signé.

365 **LAGNEAU** (Attribué à). Le roy de Navarre. — La reyne de Navarre. 3 dessins aux trois crayons.

366 **LARUE.** Amours jouant au pied d'un arbre. Joli dessin à la sépia.

367 **LE BARBIER** l'aîné. La Madeleine. — Sainte Geneviève. — Sainte Cécile, etc. 5 dessins à la pierre noire. Signés.

368 **LECLER** (Aug.). Le Père Elysée, médecin de Louis XVIII, assis, grand in-fol. Très beau dessin à la pierre noire et à l'encre de chine rehaussé de blanc. Signé.

369 **LECLER** (Aug.). Portrait du docteur Lacombe. Beau dessin à la pierre noire rehaussé de blanc. Signé.

370 — Députés de 1832 et de 1848 : Cabet, d'Argenson, Audry de Puyravaud, Armand Carrel, Cavaignac, l'abbé Chatel, le comte de Laborde, Destigny, Garnier Pagès, C. Jeanne, Koechlin, La Pommeraye, Lauriston, Arm. Marrast, Pelport, baron Reynaud, Trélat, le sergent Mercier. 21 dessins à la pierre noire rehaussés.

371 — Dupin aîné, avocat. — Dupuytren. — Le docteur Delpech. — Réné Périn, homme de lettres. 4 dessins à la pierre noire.

372 — Portraits de l'abbé Féri, supérieur du séminaire de Meaux, 1829. — Palluy, chanoine. — Pufferat, vicaire général de Meaux. 3 dessins à la pierre noire rehaussés de blanc.

373 **LE CLERC**. Portrait de Mlle Clairon, de profil. — Portrait de Mlle Contat. 2 très jolis dessins, le premier à la plume et l'autre à la mine de plomb.

374 **LEFÈVRE**. Masque d'Henry IV. Dessin à la mine de plomb. Signé.

375 **LEGÉNISEL** (Eug.). Portraits-charges des principales actrices de Paris. 9 dessins à la pierre noire et à la sanguine.

376 **LEGRAS** (N.). Entête orné de trophées d'armes. avec cartouche en blanc. Joli dessin à l'encre de chine.

377 **LENOIR** (Alex.). Monument sarrazin des grands Carmes de Metz, tel qu'il sera restauré dans le parc de la Malmaison. Beau dessin à l'aquarelle.

378 **LEPICIE**. Portrait de jeune fille. Très joli dessin à la pierre noire.

379 **LE PRINCE** (J.-B.). Paysage avec figures, en Russie. Beau dessin à l'encre de chine.

380 **LÉVIS**. Moulin de Maisons-Lafitte. Beau dessin à l'aquarelle. Signé.

381 **LORRAIN** (Cl.). Deux Chapiteaux et Fûts de colonnes. Beau dessin à la plume, lavé de sépia.

382 **MARILLIER**. — Encadrement du portrait de Marie-Josèphe de Savoie, comtesse de Provence. Très beau dessin à la plume, lavé de sépia. Signé. — A été gravé par Duhamel.

383 — Entêtes de pages avec médailles de Henri III, Henri IV, Louis XIII, Louis XIV et Louis XV, entourées de trophées et d'amours. 5 très beaux dessins à la plume, lavés de bistre. Ont été gravés.

384 — Entourage d'un portrait avec les attributs de la Comédie et de la Tragédie. Beau dessin à l'encre de chine.

385 **MARILLIER** (Attr.). Frontispice avec les attributs de la Musique. Joli dessin à la plume, lavé d'encre de chine.

386 **MALEUVRE**. Rois et Reines de France, en pied. 9 beaux dessins à l'aquarelle.

387 — Costumes de différents pays. 12 dessins à l'aquarelle.

388 **MARLET.** Marchande de macarons aux Champs-Élysées. — Le Porteur à la Halle, 1810. 2 dessins à la sépia et à l'aquarelle. Signés.

389 **MASSARD** (L.). Portrait de Mlle de Charolais. Très joli dessin à la mine de plomb, lavé d'encre de chine.

390 — Henriette de France, reine d'Angleterre. Dessin à la mine de plomb, très fini.

391 — Marie-Thérèse d'Autriche, reine de France. Très joli dessin à la mine de plomb.

392 — Claude de Boze, littérateur. Dessin à la mine de plomb, lavé d'encre de chine.

393 — César d'Estrées, cardinal. Dessin à la mine de plomb, lavé d'encre.

394 **MAURIN** (N.). Portraits de Fieschi, Moret et autres, dessinés d'après nature à la Chambre des pairs. 8 beaux dessins à la pierre noire. Signés.

395 **MAYER.** Araignon, avocat au Parlement de Paris. Dessin à la pierre noire. Signé.

396 **MÉHU.** Portrait de Marsollier. Beau dessin à la sépia, rehaussé de blanc. Signé.

397 **MEISSONIER** (J.-O.). Escalier monumental entouré d'un cartouche rocaille. Très beau dessin à la plume. A été gravé.

398 **MEZIÈRE.** Portrait d'homme, de profil. Joli dessin à la pierre noire et à la sanguine. Signé.

399 **MORIN** (Mme). Portrait de J.-F. Oberlin, pasteur à Waldersbach. Dessin et peinture à l'huile; plus une lithographie.

400 **MOUCHERON.** Paysans se reposant à l'entrée d'un bois. Beau dessin à l'encre de chine.

401 **NANTEUIL** (Rob.). Portrait d'un évêque. Peinture en grisaille.

402 **NAUDET.** Louis XVI congédiant un ambassadeur. Beau dessin à la plume, lavé de sépia. A été gravé.

403 — Caricatures parisiennes. 5 dessins à l'aquarelle.

404 — Caricature sur les Anglais. — La Loge des tigres. — Patineur, etc. 8 dessins à l'aquarelle.

405 — Costumes et Caricatures. 7 dessins à la plume et à l'aquarelle.

406 — Scènes de mœurs et Caricatures. 14 dessins à la plume et au crayon noir.

407 **NICOLET** (Pierre). Portraits de femmes, de profil. 2 très beaux dessins à la mine de plomb. Signés.

408 **OSTADE** (Adr. Van.). Buveur assis. Beau dessin à l'aquarelle. Signé.

409 — Scène de cabaret. Joli dessin à la plume, lavé d'encre de chine.

410 **PARISOT.** Portraits de Voltaire, Rousseau et Necker. 3 dessins en calligraphie.

411 **PATERRE**. Le Cuvier, Conte de La Fontaine. Beau dessin à la sanguine. A été gravé.

412 **PILLEMENT**. Tombeau de Jean Paul Marat. Joli dessin à l'aquarelle. On y a joint la gravure de Née.

413 — Arabesques. 2 jolis dessins à l'aquarelle.

414 **PERCIER**. Carrosse du Sacre de Napoléon Ier. Beau dessin à la plume lavé de bistre.

415 **PÉRIGNON** (A.-N.). Sujets romantiques et études de figures. 6 dessins à la sépia et à la pierre noire.

416 **PORREAU** (Jules). Louise-Marie de Croy, duchesse de Tourzel, gouvernante des Enfants de France. Dessin à la pierre noire. Signé.

417 **PRÉVOST**. Portrait d'homme. Très beau dessin à l'encre de chine. Signé.

418 **PRUDHON** (Attribué à). L'Amour caressant une Nymphe couchée. Joli dessin à la pierre noire relevé de blanc.

419 **PUJOS**. Portrait d'homme, de profil. Joli dessin à la mine de plomb.

420 — Portraits divers. 7 dessins à la pierre noire rehaussés de blanc.

421 **RADOT**. Le comte de Villèle, archevêque de Bordeaux. Beau dessin à l'encre de chine. Signé.

422 **REMBRANDT**. L'ange apparaissant à la femme de Tobie. Beau dessin à la plume lavé de sépia. Signé.

423 **SAINT.** Portrait du général Goguelat. Joli dessin à la pierre-noire.

424 **SAINT-AUBIN** (Aug. de). Portraits de Louis XVI, Marie-Antoinette, le Dauphin et Mme Élisabeth, dans un très petit médaillon. — Monnaies anciennes. 8 dessins à la mine de plomb.

425 **SAINT-AUBIN** (Gabr. de). Le peintre amoureux de son modèle. Très joli dessin à la sanguine.

426 **SALM** (La princesse de). Son portrait dessiné à l'encre de chine, par elle-même, 1836. — Avec une lettre d'envoi à Mlle Naigeon.

427 **SANDOZ.** Portrait de L. de Brancas de Forcalquier, maréchal de France, d'après Gallait. Dessin à la pierre noire lavé d'encre.

428 **SCHÉNAU.** Scènes d'intérieur. 2 dessins à l'aquarelle.

429 **SENÉWARDS** (W.). Portrait de la Chevalière d'Eon de Beaumont, de profil, dans un médaillon. Dessin à l'encre de chine. Signé.

430 **SEUPEL.** Portraits d'hommes. 2 très beaux dessins à l'encre de chine.

431. **SILVESTRE** (Israël). Vue d'Italie, 2 beaux dessins à la plume.

432 **SIMONET** aîné. Portrait du dauphin, père de Louis XVI. Très joli dessin à la mine de plomb.

433 **TARDIEU** (Alex.) Portrait de Washington, de profil dans un médaillon rond, à la mine de plomb. Signé.

434 **TRINQUESSE.** Portrait d'une musicienne, de profil, avec une haute coiffure. Très beau dessin à la sanguine. Signé. — Avec ces deux vers en bas :

« Son talent applaudi vole de bouche en bouche,
« Et c'est moins le Clavier que nos cœurs qu'elle touche. »

435 **VAUZELLE.** Vues et détails de la cathédrale de Chartres, 14 jolis dessins à la sépia et à la mine de plomb.

436 **VERBOECKHOVEN.** Lion héraldique. Beau dessin à la mine de plomb. Signé.

437 **VIEN.** Portraits d'homme et de femme, en buste, grandeur naturelle. 2 beaux dessins à la pierre noire.

438 **VOLAIRE** (J.-A.) Vue de la Bourse de Nantes. Très beau dessin à la plume lavé d'encre de chine. Signé.

439 **WATTEAU** de Lille. Cascade et habitations près de l'arche d'un pont. Dessin à l'aquarelle.

440 **WATTIER** (Em.) Portraits de Pierre et Thomas Corneille. in-8, 2 très beaux dessins à la sépia rehaussés de blanc. Signés.

441 **DIVERS.** Carte d'entrée pour le Théâtre de l'Impératrice (Odéon). Dessin à la plume lavé de sépia.

442 — Adresse de Darbo : Aux trois Singes. Dessin à l'encre de chine. On y a joint la gravure.

443 — Seigneur et jeune dame travaillant près d'une table. — Deux autres personnages se donnant la main. 2 beaux dessins en silhouette, à l'encre de chine.

444 **DIVERS** Les Plaisirs de la Courtille et autres sujets gravés dans le Musée grotesque. 4 beaux dessins à l'aquarelle.

445 — Caricatures sur les hautes coiffures. 2 aquarelles.

446 — Glaive ayant appartenu à François Ier, Charles-Quint et Napoléon. 2 très beaux dessins à l'aquarelle.

447 — Fontaine au coin de la rue de Vaugirard. — Ferme de Bellevue. — Hôtel de Soubise. — Tourelle au coin de la rue des Francs-Bourgeois. — Rue de la Paix. — Préservatif contre la boue du macadam. 7 dessins.

448 — Portraits de M. et Mme Belmont, acteurs, 4 dessins.

449 — Portraits et costumes de Henri, acteur du Vaudeville et de Mme Hervey, actrice. 45 dessins, la plupart à l'aquarelle.

450 — Costumes de Desmousseaux, acteur du Théâtre-Français, dans différents rôles. 13 dessins.

451 — Portraits anciens : Agnès Sorel, Henriette d'Angleterre, Mitantier. Le Cavalier Bernin, etc. 9 dessins aux trois crayons et à la plume.

452 — Portraits de Catherine II, le Prince Orloff, Pie VI, etc. 5 jolis dessins à la mine de plomb, in-8. Ont été gravés.

453 — Portraits de Clairaut, Franklin, Vien, peintre, J.-J. Rousseau, Henri IV. etc. 12 dessins.

454 **DIVERS.** Portraits d'hommes et de femmes du XVIIIe siècle. 6 dessins et 2 contre-épreuves aux trois crayons et à la sanguine.

455 — Portraits de personnages de l'époque de la Révolution. 16 dessins et contre-ép.

456 — Portraits de Marie-Antoinette, le duc de Berry, la duchesse d'Angoulême, Charles X, etc. 7 dessins.

457 — Portrait d'un général en pied, près du buste de Louis XVIII. — Portrait d'un ambassadeur; au fond, la vue du Vésuve. 2 peintures signées *G. D.* 1817.

458 — Petits Portraits anciens. 5 dessins à l'aquarelle.

459 — Portraits anciens. 15 dessins à la plume et à la sanguine.

460 — Portraits de femmes. 28 dessins à l'encre de chine et à la pierre noire.

461 — Portraits historiques et pour illustrations. 39 jolis dessins à la mine de plomb et à la sépia.

462 — Portraits anciens et modernes. 18 dessins à l'aquarelle.

463 — Grands Portraits anciens et modernes. 33 dessins.

464 — Portraits divers. 62 dessins.

465 — Croquis de Portraits. Environ 50 p.

466 — Dessins par Raymond Lafage, Le Brun, J. de Boulongne, Le Prince, Martin de Vos, etc. 9 p. à la plume et à la sanguine.

467 — Sujets mythologiques. 8 dessins à la sanguine et à la pierre noire.

468 **DIVERS.** Couronne de fleurs entourant un médaillon de pierre. Très beau dessin à la gouache.

469 — Fleurs et fruits. 16 dessins à l'aquarelle.

470 — Sujets d'ornement et architecture. 11 dessins à la plume et au lavis.

471 — Croquis d'ornement. 30 dessins à l'aquarelle et à la plume.

472 — Paysages et vues. 28 dessins à la plume, à l'encre de Chine et à l'aquarelle.

473 — Costumes et sujets divers. 30 dessins, presque tous à l'aquarelle.

474 — Vignettes et Portraits. 18 dessins.

475 — Académies et sujets gracieux. 24 dessins.

476 — Dessins divers anciens. 40 p.

477 — Dessins modernes et vignettes. 56 p.

478 — Dessins et Etudes diverses. 17 p.

479 — Dessins, croquis et gravures diverses. Environ 100 p.

480 — Environ vingt Portefeuilles de différentes grandeurs.

Vve Renou et Maulde, imprimeurs de la Compagnie des Commissaires-Priseurs, rue de Rivoli, 144. 500—56245

Ve RENOU et MAULDE, imprimeurs de la Cie des Commissaires-Priseurs, rue de Rivoli, 144 500—56245

www.ingramcontent.com/pod-product-compliance
Ingram Content Group UK Ltd.
Pitfield, Milton Keynes, MK11 3LW, UK
UKHW021124230726
13926UKWH00002B/632